AF371060

L'Abbé François Fabre

I

LES SEIGNEURS DES SALETTES

Près Saugues (Haute-Loire)

II

LES SEIGNEURS DE LA FAGETTE

Commune de Venteuges, près Saugues

LE PUY

IMPRIMERIE TYPO-LITHOGRAPHIQUE GUSTAVE MEY

25, Boulevard Saint-Louis, 25

1902

VUE DES SALETTES, près Saugues (Haute-Loire)

LES SEIGNEURS DES SALETTES

Sur la route blanche qui s'allonge et se déroule de Saugues au château d'Esplantas, s'ouvre, sur la gauche, un coquet petit vallon.

A l'entrée, une large et toujours verte prairie, puis, tout au fond, comme dans une sorte de cirque, aux parois élevées et largement évasées, se blottit le petit village des « Salettes » (1) dérobant à moitié la blancheur de ses maisons derrière la verdure foncée de quelques frênes noueux.

Bien petit, ce village : à peine deux ou trois maisons, en outre du château, demeure modeste qui ne se distingue que par la tour ronde élevée au milieu de sa façade. On le sait, la tour était dans le manoir le signe distinctif et l'apanage du gentilhomme.

Au delà du village, le vallon se resserre, se prolonge encore et se clot enfin muré par un bouquet de pins. Si le versant de gauche n'offre qu'une côte d'abord aride et pelée, puis rocailleuse où végètent à grand' peine quelques maigres genêts et des pins rabougris ; à droite, au contraire, des hêtres plantureux élèvent leur tronc majestueux et étalent au large leur luisante frondaison, qui, en temps d'automne, se revêt de reflets cuivreux dûs aux faînes innombrables, mûrissant à l'extrémité des rameaux.

Puis, tout au bout du vallon, des bouleaux élancés profilent dans les airs leur tronc argenté et leurs feuilles tremblotantes finement découpées, irisées de chatoyants reflets sous les rayons du soleil.Tandis qu'un gazon court et serré, revêt ce côteau d'une teinte verdoyante, comme un tapis soyeux que piquent de clous d'or les corolles d'arnica venues à profusion en ce coin privilégié.

Si les familles nobles ne remontent point toutes à la même antiquité, si elles ne comptent pas toutes les mêmes illustrations et ne peuvent se targuer des mêmes faits d'armes où des mêmes services rendus à la patrie, toutes cependant ont leur histoire, pour modeste qu'elle soit.

Mais comme l'histoire d'un pays n'est guère faite que de l'histoire des familles qui l'ont habité, on comprendra que nous fassions revivre le souvenir de l'une d'elles, qui, par cela même qu'elle appartenait à la noblesse, en ce pays où les grands noms se comptaient, méritait de ne point rester dans l'oubli le plus profond.

Il est difficile de jeter quelque attrait dans l'aridité d'une généalogie et l'on ne sait, en cette occurence, quel est le plus à plaindre, de l'auteur ou du lecteur. Qui donc, en effet, pourrait se passionner pour ce pays

---

(1) « Les Salettes » vient peut-être de *Saltus*, bois ou défilé, à raison de l'emplacement de cette localité.

Dans les environs de Saugues, un bon nombre de villages doivent leur nom à leur situation, ou encore à la nature des bois sis à proximité.

Aussi *le Pin* (Chanaleilles), *la Pinède* (Cubelles), *le Pinet* (Saugues) sont ainsi appelés des bois de pins limitrophes ; *la Fagette* (Venteuges), *la Fagète* (Thoras) et *la Fajolle* (Grèzes) d'un bois de hêtres, fagus ; *le Fraisse* et *Fraissenet* de bouquets de frênes, *le Rouve* et *la Rouveyre*, de bois de chênes ; *le Cros, Longeval, le Mont, Ventuejols* et *Ventajol*, de leur position respective ; *Recoux* (autrefois *Rocos*), à cause de ses rochers ; *Ombret*, à raison de ses ombrages, etc. etc

reculé qu'est le pays de Saugues, et pour une famille dont le renom sortait à peine des frontières de ce mandement ? Les érudits nous pardonneront d'aborder ici une tâche si ingrate, ou, tout au moins, ne nous jetteront pas la première pierre ; quant aux autres lecteurs, ils auront la faculté de franchir sans les parcourir ces courtes pages s'ils ne les jugent pas dignes d'intérêt.

I

Ce château et cette terre des Salettes furent, du XVI⁰ à la fin du XVIII⁰ siècle, la propriété des sires de *Fontunie*.

Cette famille de *Fontunie* ou de *Fontugne*, — on l'écrivait quelquefois ainsi, — était originaire de Mende ou des environs. C'est là qu'elle habitait vers la fin du XV⁰ siècle.

Le premier de ses membres que l'on trouve mentionné d'une façon précise est *Robert*, signalé dans les preuves de noblesse faites en 1669, par devant M. de Bezons, intendant de Languedoc.

Robert, est-il dit, fut père de Guérin de Fontunie (1).

II

GUÉRIN DE FONTUNIE, le 9 novembre 1550, épousa Benoîte Merle.

Il habitait à cette époque, le mandement de Saugues : il est mentionné, en effet, dans le compte des sindics de la collégiale de Saint-Médard, en 1560.

Pendant les guerres de religion qui troublèrent si profondément et ensanglantèrent le Gévaudan, Guérin de Fontunie joue un rôle particulier.

En 1580, Mende était occupée par le capitaine Merle, les aventuriers sous ses ordres pillaient de droite et de gauche et dévastaient sans merci le diocèse tout entier, faute de sécurité, et ne sachant où se réunir, on venait de choisir pour tenir l'assiette, la ville de Saugues, lorsque noble Guérin de Fontunie fut dépêché à Fontainebleau pour demander à la cour des secours pressants dont la nécessité était bien justifiée par les événements.

Son fils Jean, dans une longue déposition qui servit, dans la suite, de relation officielle des faits accomplis, racontait par le menu, deux ans après, les atrocités commises par les bandes de pillards qui tuèrent lors du sac de cette ville deux ⸍nts hommes et femmes « sans respecter la vieihesse et caducité desdits hommes. »

Guérin de Fontunie semble être le premier membre de cette famille venu aux Salettes.

Comment acquit-il la seigneurie dudit lieu ? Nous ne le savons. Ce que l'on sait, c'est que, en 1565, noble François de Peutchan (2), et Hélix Chabanel, mariés du 17 may de ladite année, font hommage à Mⁿ Jean de Léothoing, à raison de son fief de la Clauze (paroisse de Grèzes) d'un petit château, deux granges, deux basses-cours, un jardin, un chazal, deux petits appartements et nombre de prés, champs et bois.

(1) *Armorial de Languedoc*, p. 213. Aubais, t. II, p. 127.
(2) On appelle Peutchamp ou Péchamp, l'éminence qui domine la ville de Saugues, et sur laquelle sont dressées les trois croix du Calvaire.

Ce même château, ces mêmes terres, en 1581, appartiennent à noble Guérin de Fontunie qui porte le titre de seigneur des Salettes.

De Guérin nous connaissons trois enfants :

JEAN qui suit.

PIERRE qui fut pourvu d'une chanoinie à Brioude. Sa nomination est du 21 mars 1636, et sa mise en possession du 9 avril de la même année.

JEANNE, née en 1557. Elle épousa Mᵉ Benoît Bonhomme de Saugues. Devenue veuve en 1611, elle entre au couvent des Ursulines de Saugues à l'âge de 54 ans (1).

III

JEAN DE FONTUNIE, fils de Guérin, est qualifié d'écuyer, seigneur des Salettes, Fraissinet et la Vialle des Tours.

Il se marie le 21 août 1581.

« Fust traicté mariage par parolcs advenir entre noble Jean de Fontunie, fils à noble Guérin du lieu des Sallettes, paroisse de Saugues, évesché de Mende d'une part, et noble damoizelle Louise Amargier, dicte de la Rode, fille à feu noble Claude Amargier, (2) quand vivoit seigneur de la Rode habitant au lieu du Luschadou, paroisse dudit Saugues, d'aultre.

« A cette cauze aujourd'huy vingt-unième jour d'aoust mil cinq centz quatre vingtz et un après-midy, estably en sa personne ledit noble Jean de Fontunye, procédant de la licence, congé et permission dud. Guérin, sond. père, et lad. damoizelle de ladvis conseil et consentement de nobles Antoine Amargier, seigneur de beauregard et de la rode, noble et vénérable personne Messire Pierre Amargier curé dud. Saugues, ses oncles, et de noble autre Pierre Amargier seigneur d'Andreihoulet son frère icy présent ont promis se prendre en mariage l'un l'autre en face de Sᵗᵉ Mère l'Esglize...... Et pour ce que de tout temps dot a été constituée aux filles venant en mariage pour supporter les charges d'icelluy, estably en sa personne ledit noble Pierre Amargier frère de lad. damoyzelle...... a constitué et assigné en dot à lad. demoizelle Louize Amargier sad. sœur...... la somme de six centz quarante escus sol (3) au taux de l'ordonnance. Plus pour les robes dotaulx d'icelle soixante escus sol, faisant en tout la somme de sept centz escus sol que ledit Amargier constituant a promis payer aud. futur espoux scavoir, du jour de la célébration du présent mariage en un an trois centz soixante six escus et deux tiers d'escu et jusqu'à ce que led. payement sera fait led. Amargier a promis payer aud. futurs espoux les apports desd. trois centz soixante six escus et deux tiers au denier douze..... Et le reste de lad. dot quest trois centz trente trois escus et tiers d'escu a promis payer à payements ésgaulx annuels de cent onze escus six sols huit deniers commençant le premier payement un an après led. premier payement des trois centz soixante six escus et deux tiers......

« A esté accordé que lesd. s. de Fontunie seront tenus enjoualher lad.

---

(1) Registre des Ursulines de Saugues.

(2) Cette maison des Amargier, était une des plus anciennes de Saugues. En 1490, Lucas Amargier occupe les fonctions de bailli de Saugues pour le seigneur de Mercœur, tandis qu'en 1453, Louis Amargier était étudiant « en l'alme université de Paris. » P. Amargier est curé de la ville en 1596.

En 1682, Jean Amargier représente Saugues aux Etats de Gévaudan.

(3) Les « écus d'or sol » étaient ainsi appelés parce qu'ils portaient un soleil gravé au-dessus de la couronne. Cette monnaie datait de la fin du quinzième siècle.

future espouze de bagues et joyaulx de la valeur de soixante escus sols lesquelles bagues et joyaulx appartiendront à lad. damoizelle future espouze en cas qu'elle survive à son futur espoux, mais si elle décedde sans enfants du présent mariage avant led. futur espoux, lesd. bagues, robes et joyaulx appartiendront auxd. Fontunyes ou ès leurs à l'advenir successeurs à la charge de payer par eulx les obsèques et frais funèbres de lad. damoyselle...... lad. future a quitté et remis à sond. frère présent et acceptant, pour luy ses hoirs et successeurs tous et checuns ses aultres droitcs paternels maternels fraternels et sororins desquels elle s'est desmize et en a investi led. noble Pierre Amargier......

« Et illec estably en sa personne noble Guérin de Fontunye lequel ayant le présent mariage pour agréable a donné...... aud. Jean son fils la quarte partye de tous et checuns ses biens meubles, immeubles, droitz noms et actions...... sauf et rézerve aud. Guérin l'usufruit et habitation de sa maison, grange, estable courtil, joignant assis dans lad. ville de Saugues confrontant avec la rue publique allant de la place de Pouzarot et porte de Badefont à la porte du Mas......

« Et au cas que led. Jean décedde avant lad. damoizelle, lad. future espouze gaignera sur les biens dud. Fontunie la somme de cent trente trois escus et tiers d'escu...... et au cas que lad. damoyselle décedde avant led. futur espoux iceluy gaignera sur les biens de lad. future soixante six escus et deux tiers...... Oultre ce ledd. Fontunye père et fils ont donné pour douaire à lad damoyselle au cas qu'elle survivra aud. Fontunye l'uzage et habitation d'une maison en lad. ville et faubourg de Saugues ou trois escus et tiers au choix desd. mariez plus dix septiers seigle mesure de Saugues et trois escus et tiers d'escu de douaire et pansion annuelle à laquelle damoyselle seront tenus pandant lad. viduité bailler et fournir des meubles et ustenciles pour luy faire meubler lad. maison jusqu'à la valeur de vingt escus sol......

« Et pour requérir et consentir à l'insinuation desd. présentes lesd. parties ont fait et constitué leur procureur en la Cour présidialle d'Auvergne honorables M^res Antoine de Murat et Guill. Brunet procureurs à Riom...

« Faict aud. Saugues à la maison dud. seigneur de Beauregard, présents à ce led. sgr. de Beaüregard, et Mre Pierre Amargier, curé, frère noble Baltezard du Fau, seigneur dud. lieu et de moy Jacques Langlade, not. roy. habitant dud. Saugues.

« Signés : G. Fontunye, La Rode, J. de
Fontunye, L. de la Rode, A. de Beaure-
gard, P. Amargier, B. du Fau » (1).

En 1609, Louise de la Rode, conjointe à Jean de Fontunie, était déjà morte.

En ces époques de foi vive, les croyances religieuses n'étaient point considérées comme une sorte de tradition de bon goût et un simple usage de bienséance que l'on devait garder pour la forme. Bien au contraire, les bonnes œuvres faites, en ce pays de Saugues où ne les sollicitait aucune complaisance, témoignaient de la sincérité et de l'efficacité des convictions des nobles d'autrefois.

« L'an 1609, noble Jean de Fontunie, seigneur de Fraissinet, fils de feu noble Guérin de Fontunie, sieur des Salettes, mari de feu damoyselle de la Rode, a fondé : 1° pour chaque mois une messe à voix basse,

______

(1) La seigneurie du Fau était sise en la paroisse de Cubelles. (Voyez *Not. hist. sur Cubelles*, page 26 et suiv.)

en l'honneur de l'auguste nom de Jésus, en l'église collégiale de Saint-
Médard, et en l'autel de sa chapelle. »

« 2° à perpétuité, la veille de la Visitation, messe en haut, à diacre et
sous-diacre, au nom de Notre-Dame. »

« 3° *Idem* à perpétuité, autre messe des défunts en haut à diacre et
sous-diacre chescun premier lundy de Caresme, chescun an avec le Sau-
tier, les Vigiles des morts, ou le matin les matines, et sortant de lad.
messe une absoute et libera me, stabat à la fin de chescune desd. messes
sur le tombeau des prédecesseurs dud. fondateur, laquelle fondation a
été acceptée par vénérables personnes messires Vidal Ailes et P. Lobeyre,
prêtres chanoines et sindics dud. chapitre, assistés de discret homme
Mre Jacques Langlade, curé, Mre Claude Gay, chanoine, et noble Claude
de Fontunie fils dud. fondateur, prêtre chanoine......

« Moyennant le prix et somme de 12 livres que led. Fontunie a promis
payer à chescun an, à chescune feste saint Michel Archange, de laquelle
somme de 12 livres, se prendra deux sols six deniers pour estre distri-
bués chescun mardy de caresme au prêtre qui la dira...... reçu Médard
Julien not. royal » (1).

Le seigneur des Salettes ne s'en était pas tenu à cette seule fondation :

« Comme feu noble Jean de Fontunie, seigneur des Salettes et Fraissinet, par son dernier testement reçu par feu Mre Bongrand aye légué à
la communauté de Mrs du Chapitre St Médard de Saugues la somme de
trois cenz livres soubz la pantion annuelle de quinze livres et ce pour la
fondation de l'oraison de *Corporis Christi*, et la bénédiction d'icelluy
chescun Jeudy de chescune semaine de l'an, sur le soir avec le branle-
ment et le sonnement de la grande cloche pour assembler de tant plus
le peuple et voyant ledit chapitre lad charge estre par trop honnereuse
et presque impossible à exécuter tout le long de l'année mesme en temps
de travail....... afin que la volonté dudit testateur ne feust invalide et
infructueuse, ce jourd'huy cinquiesme jour de febvrier mil six cens
vingt-deux....... devant la grand porte de l'esglize paroissiale dud S^t
Médard de Saugues, assemblés illec a *sonno campanœ* comme est de
coutume, vénérables personnes Claude Gay et Pierre Gérenton, chanoines et sindics dud chapitre, assistés de vénérable personne Me Anthoine
Chantal, docteur en théologie et curé, Mre Méd. Johannenc, Mre Vidal
Tersol et noble F^ois de Fontunie sieur de la Mudat et des Sallettes, fils et
héritier dud feu Jean son père,....... lesd. partyes ont convenu que
led F^ois de Fontunie héritier susdit a ratifié et approuvé led léguat de
trois cens livres........ et pour le regard de la charge et service a esté
réduit sçavoir que tous les jeudis de chaque semmaine de l'on, lad oraizon
se célébrera et se dyra seulemant en temps d'avant et de caresme avec
ladicte bénédiction contenue et comme est porté par ledit testament, et
ce sur les cinq à six heures du soir dans lad Esglize St Médard de Saugues....... et oultre ce led. jour des festes de N. Dame comment
qu'elles tombent sçavoir la Nativité, l'Assomption, l'Annonciation et
Purification, et encore tous les jours que la feste des douze apostres
écherra chescune année............ » (2)

Chose singulière, au contraire de ce qui advint aux autres fondations
faites en faveur du Chapitre de Saint-Médard, celle de Jean de Fontunie

(1) Archives de Saint-Médard de Saugues.
(2) Archiv. de Saint-Médard de Saugues.

ne disparut point à la Révolution. Une fois cette période franchie, bien que la rente assignée ne subsistât point et que la rétribution convenue ne fût point payée, les jeudis d'Avent et de Carême virent se continuer cette bénédiction du Saint-Sacrement, tout comme auparavant.

De Jean de Fontunie et de Louise Amargier survivaient plusieurs enfants.

1° FRANÇOIS DE FONTUNIE, sieur de la Mudat, qui suit;

2° CLAUDE DE FONTUNIE. Il entra dans les ordres, fut d'abord chanoine de la collégiale de Saint-Médard de Saugues, puis nommé à la collégiale du Malzieu, dont il devint le doyen.

IV

FRANÇOIS DE FONTUNIE, fils et héritier de Jean, porte le nom d'écuyer, seigneur des Sallettes et de la Mudat (1).

Le 7 janvier 1615, il épousa Anne Guérin de Luge, qui lui donna plusieurs enfants.

1° PIERRE-HONORÉ DE FONTUNIE, qui suit :

« 9 novembre 1627, baptême de Pierre Honoré de Fontunie, fils à François et à Anne de Luge. Le parrain a esté M^re le doyen du Malzieu, la marraine, noble damoyselle Honoré Ysabeau de Chaniliac » (2).

2° JEANNE DE FONTUNIE. Le 23 janvier 1638, elle épouse noble Claude Favi, sieur de Domezon et de Sauvangh, dont elle eut une nombreuse postérité (3).

Jeanne de Fontunie mourut le 9 février 1683 (4).

3° CLAUDE DE FONTUNIE. En 1654, n'étant encore que simple tonsuré, il fait partie du collège de Saint-Médard de Saugues. Le 5 janvier de cette même année, il est pourvu d'un canonicat à la collégiale de Saint-Hippolyte du Malzieu dont son oncle était déjà doyen. A son heure, il devient lui-même doyen de cette même collégiale.

4° LOUISE DE FONTUNIE. Elle épouse Guillaume Airoux de la Pénide de Cubelles. Le 28 août 1664, son fils Jean est tenu sur les fonds baptismaux par Jean du Villaret, sieur de Beauregard, et Jeanne de Fontunie;

5° MARIE DE FONTUNIE, qui épousa Jean Dumond, apothicaire. Le 24 juin 1663, était baptisé leur fils Pierre Honoré Dumond;

6° FRANÇOISE DE FONTUNIE.

(1) La Mudat, petit fief dans la paroisse de Charraix.

(2) Registres de Saugues.

(3) « 26 mars 1641. Baptême de François Favi, fils à Claude, bourgeois de Saugues sieur de Sauvangh, et de demoiselle Jeanne de Fontunie, le parrain a esté noble François de Fontunie, la marraine Anne de Lobérie. »

« 21 mars 1642. Baptême de Anne Favi, fille à Claude et à demoiselle Jeanne de Fontunie. Parrain Jean Favi, marraine demoiselle de Lughe.

« 13 mars 1643. Baptême de Catherine Favi........., parr. Pierre de Fontunie, marraine Catherine Favi.

« 29 mars 1644. .... Baptême de Joseph Favi........

« 18 septembre 1645........ Baptême de Claude Favi......... parr. Claude de Fontunie, marraine Jeanne Favi.

« 22 may 1647. Baptême de Estienne Favi, parrain Estienne Julien, marraine Louise de Fontunie, épouse de Guilhaume Airoux.

« Le 16 juillet 1652, Anthoine Favi ; avril 1655, Claude Favi (le premier Claude était déjà mort) ; mai 1656, Marie Favi ; 12 juillet 1661, Magdelaine Favi ; 12 avril 1664, autre Claude Hyacinthe Favy. » (Registres de Saugues).

(4) Enterrement de Jeanne de Fontunie, femme à Claude Favi, sieur de Sauvans, 9 février 1683. (Reg. de Saugues).

V

Pierre-Honoré de FONTUNIE succéda à son père François à la seigneurie des Salettes.

C'est lui, qui , en 1669, fit par-devant M. de Bezons ses preuves de noblesse, et fut maintenu noble par jugement du 15 juillet de la même année.

Le 14 février 1662, il avait épousé noble demoiselle Françoise-Angélique de Parant d'Oyde, fille de Marguerite Ponchon, et de noble Jean de Parant d'Oyde, habitant au Puy.

Il est peu d'exemples d'union aussi féconde que la leur.

« 1663, 19 mars. Baptême de Claude de Fontunie, fils à Pierre-Honoré, parrain Claude de Fontunie, doyen du Malzieu, marraine, Marguerite Ponson du Puy (1).

« 10 janvier 1664. Baptême de Marguerite de Fontunie, filhe à Pierre Honoré de Fontunie et à Françoise Engélique de Parant, mariés aux Salettes. Parrain Jean Parant du Puy, marraine Françoise de Fontunie.

« 11 février 1665. Baptême de Christophe de Fontunie......... etc. .... parrain Christophe de Parant, marraine Jeanne de Fontunie. »

« 13 juin 1666. Baptême de Françoise Angélique de Fontunie....... parrain noble Claude Favi, sieur de Sauvans, marr. d^lle Françoise de Fontunie.

« 8 juillet 1667. Baptême de Marie-Marguerite de Fontunie, fille à Pierre.. etc.. parrain noble Gabriel de Parant.

« 16 mars 1669. Bapt. de Michelle de Fontunie fille etc. etc... parrain noble Claude de Parant, marraine Marguerite Favi.

« 6 may 1671. Bapt. de Marie-Anne de Fontunie etc. parrain, noble Jean de Parant, marraine noble Marie de Parant.

« 11 may 1672. Bapt. de noble Pierre Joseph de Fontunie etc... parrain Pierre Joseph Favi, sieur du Villeret, marraine demoiselle Françoise de Ponchot. »

On relève encore le baptême de Jean-François, d'Anthoinette, de Joseph Honoré et enfin, au 7 avril 1782, de Louise de Fontunie, tous enfants de Pierre Honoré et de Françoise Angélique de Parant.

Françoise-Angélique de Parant, épouse de Pierre-Honoré de Fontunie, fut inhumée au cimetière de Saugues, le 6 avril 1701. Son mari l'avait précédée dans la tombe.

Pierre Honoré de Fontunie avait partagé entre ses enfants mâles les seigneuries diverses qui appartenaient à sa maison : Champels, Fraissenet, la Vialle et la Rouveyre, mais, de ces fils, aucun, si ce n'est Claude, l'aîné, qui avait eu les Sallettes, ne laissa de postérité, de sorte que ces terres, après eux firent retour à la famille.

VI

Claude de FONTUNIE, écuyer, seigneur des Salettes épousa demoiselle Antoinette de Bonneville de Chambilhac, fille de Christophe de Bonneville. Son premier fils fut appelé Claude :

(1) Cette inscription et les suivantes ont été relevées sur les registres paroissiaux de Saint-Médard de Saugues.

« 9 déc. 1696. Baptême de noble Claude, fils à Claude de Fontunie, sieur de la Vialle et à D^{lle} de Bonneville de Chambilhac, habitants à leur château des Sallettes. Parrain Pierre Clujalac du Malzieu, marraine Marguerite Pic » (1).

« 1er février 1698. Bapt. de Pierre-Joseph, fils à noble Claude de Fontunie, etc... »

On relève encore le nom de quatre jeunes filles issues de ce mariage : Marie-Anne, Marie-Roze, Marie-Françoise-Angélique et autre Marianne de Fontunie.

Claude et Pierre Joseph moururent sans postérité.

Marie-Anne et Marie-Roze (2) allèrent habiter le mas de la Borie, paroisse de Pébrac, et Marie-Françoise-Angélique se fit religieuse au couvent de « la Vaudieu » où elle vivait encore en 1740.

Seule, Marianne avait épousé Mre Bruno de Lobérie (3) sieur du Pouget qui vient habiter avec elle le château des Salettes.

Par un acte du 7 juin 1741, reçu Paparic, notaire à Saugues, Pierre-Joseph de Fontunie, sieur de Fraissenet, avait fait donation à son beau-frère, Bruno de Lobérie, de tous ses biens et possessions.

D'autre part, Jean-François, sieur de Champels, avait légué à Marianne de Fontunie, épouse dudit Bruno, tout ce qu'il laissait de meubles et immeubles après son décès.

En 1747, Marianne de Fontunie est veuve de Bruno de Lobérie, sieur du Pouget et tutrice de leurs enfants. Le 17 novembre 1756, elle fait en son nom personnel, reconnaissance au seigneur de la Clauze, m^{re} d'Apchier, d'une partie des biens qu'elle possède aux Salettes.

« Marie-Anne de Fontunie damoiselle des Salettes, veuve de noble Bruno de Lobérie, sieur du Pouget, reconnait tenir en emphytéose perpétuelle avec droits de lods, prélation, comis et avantage, justice, haute

---

(1) Registres de Saint-Médard-de-Saugues.

(2) Décès de damoiselle Marie-Roze de Fontunie des Salettes, âgée d'environ 65 ans. 22 sept. 1770. (Reg. de Saugues.)

(3) 28 janv. 1739. Mariage entre Bruno des Lobérie, fils légitime à J.-François et à dlle Marie-Thérèse Chabanel, de Saugues, et entre dlle Marianne de Fontunie des Salettes, fille à défunt Mre Claude de Fontunie, sgr des Salettes, la Rouvière, et autres lieux, et dame Antoinette de Chateuil de Bonneville de Chambilhac des Salettes. (Registres de Saugues.)

Les de Lobérie tenaient une place importante en cette ville de Saugues.

A quatre époques différentes ils représentent la cité aux Etats de Gévaudan, en 1592, 1602, 1605 et 1628.

Quatre membres de cette famille firent partie de la Collégiale de Saint-Médard : Yves et Joseph en 1692, Bernard en 1770, et Julien de Lobérie, curé en 1626.

En 1605, Pierre de Lobérie, consul, est le chef de la famille. En 1650, c'est Laurent de Lobérie, époux de Louise de Bernard, et juge au siège de Saugues pour le seigneur de Mercœur.

Ces fonctions judiciaires ne sortent pas de leurs mains jusqu'à la Révolution.

J. François de Lobérie, fils de Laurent, lieutenant d'infanterie au régiment du Chayla, épouse Marie-Thérèse Chabanel, d'où Bruno de Lobérie qui devient seigneur des Salettes.

Yves de Lobérie, juge au siège de Saugues, épouse Marie de Langlade.

Nous trouvons un second Yves de Lobérie, époux de Marianne de Chastel : ne serait-ce pas le même personnage marié en secondes noces ?

Le fils d'Yves et de Marianne de Chastel, Laurens de Lobérie, lieutenant-général à la prévôté de Saugues, épouse, le 29 sept. 1778, Jeanne-Marie-Anne du Buisson-d'Ombret.

Cette famille de Lobérie était alliée aux Soubrany de Bénistant, aux de Croze, aux Mourgue de Saint-Germain, aux du Buisson, aux Brun de Villeret, etc...

Ses derniers membres résidant à Saugues se sont éteints vers le milieu du XIXe siècle.

Ses armes sont : d'or, à un chevron de gueules, accompagné de trois têtes de loup arrachées, de sable, deux en chef et une en pointe, à un chef d'or cousu de sable, chargé d'un croissant de sable accosté de deux étoiles de gueules.

moïenne et basse, mère, mixte, impère, de très-haut et puissant seigneur Messire d'Apchier... sgr de la Clauze... un petit château avec deux granges, deux basses-cours, un jardin, un chazal et deux petits appartements, plus divers champs prés et bois, etc., etc. »

Les censives payées au seigneur de la Clause étaient de :

Argent.............. 2 liv., 6 sols, 6 deniers.
Segle............... 5 sestiers, 6 cartons, 7 boisseaux et demi.
Avoine .... 32 ras, 6 boisseaux.
Géline.............. une et la moitié d'une autre.
Manœuvre .... une.
Bouades .... trois.

La terre des Salettes payait aussi des censives au duc de Mercœur :

Argent .... 13 sols, 6 derniers, obole et demie.
Géline.............. Deux, trois quarts, un sixième et un huitième d'autre.
Segle............... Deux sestiers, deux boisseaux, un quart et un huitième d'autre.
Avoine .... 45 ras, deux boisseaux, un quart d'autre boisseau y compris la « penadune » *(sic)*.

De Bruno de Lobérie et de Marianne de Fontunie étaient issues deux filles : Thérèse-Félicité de Lobérie et Marguerite-Françoise.

Thérèse-Félicité épousa J.-B. Chauchat, avocat en parlement à Langeac.

Marguerite-Françoise devint l'épouse de Jean-Hugues de Boulieu ou Beaulieu, chevalier, seigneur du Bleynie, la Rouveyre, Peissis, capitaine d'infanterie au régiment d'Auvergne, à qui elle apporta la terre des Salettes.

Leur fille, Louise-Henriette de Beaulieu, épousa le 3 janvier 1782, André-Pierre-Joseph d'Imbert, chevalier, officier de dragons, fils de Joseph d'Imbert, seigneur de Montruffet, Saint-Pierre-le-Nogié, et de dame Marie-Thérèse de Brugerol. La bénédiction nuptiale fut donnée par Messire François-Guillaume d'Imbert, chanoine du Malzieu, oncle de l'époux (Reg. de Saugues).

C'est ainsi que, par succession, les Salettes échurent à la famille Hébrard, alliée aux de Beaulieu, qui les possédait après la Révolution. Elles sont depuis devenues, par voie d'acquisition, la propriété de M. J. Chantemesse.

Avec Marianne de Fontunie s'était éteinte la lignée directe des Fontunie, car d'ores en avant, ni dans les registres locaux, ni dans les actes de l'époque, l'on ne retrouve plus leur nom.

Les de Fontunie portaient : d'azur à une fontaine à cinq tuyaux d'argent.

FIN

CHATEAU DE LA FAGETTE, près Saugues (Haute-Loire)

LES SEIGNEURS DE LA FAGETTE

Le château de la Fagette est dans la paroisse de Venteuges, à six kilomètres environ de Saugues, le chef-lieu de canton.

Il est placé sur la déclivité d'une légère dépression : derrière lui, un clair taillis de maigres pins ; à gauche, un plateau âpre et singulièrement dénudé, puis, sur la droite, les futaies de Montbourg.

La Fagette ne fut jamais un château-fort chargé de la défense de la contrée : sa modeste tour, flanquée au beau milieu de la façade, n'a pas l'air bien méchant, recouverte qu'elle est par une toiture plate et vulgaire qui ne lui sied aucunement. Son seul mérite est sa taille géante, que rendent plus saillante les basses demeures éparpillées autour d'elle et que l'on croirait humiliées de leur exiguité.

Ses fenêtres à meneaux semblent reporter à la fin du quinzième, ou même, en ces pays attardés, au seizième siècle, l'époque de sa construction.

Toutefois, l'existence de ses seigneurs est constatée à une date de beaucoup antérieure.

I

Le premier seigneur de la Fagette, mentionné par des documents précis, est Astorge de la Fagette.

« Astorge de la Fajete vend à Guillaume, abbé, et au couvent de Pébrac, un mas et une penderie qu'il a auprès de Collat, au prix de six livres du Puy, avec faculté de rachat dudit jour, fête de St Jean-Baptiste à la fin de la présente année (1235). »

Ledit Astorge et son épouse Sauva (Saura) promettent par serment de ne causer aucun préjudice aux acquéreurs sur ladite terre. L'acte est fait dans le cloître de Pébrac, devant la porte de l'Eglise, au mois de juin, fête de Saint-Jean-Baptiste (1).

La Fagette est à courte distance de Pébrac, et l'on conçoit que les seigneurs dudit lieu et les chanoines de Saint-Augustin aient eu des relations d'affaires.

Le fils d'Astorge est Armand de la Fagette, Astorge et Armand sont les seuls prénoms que l'on trouve portés par les chefs successifs de cette famille.

Armand de la Fagette est témoin dans l'hommage que Tornèse, fille de feu Bertrand des Tours, fait à Pons de Douchanès, le 28 juillet 1259.

On lui connaît deux fils : Armand et Astorge de la Fagette.

Astorge devint chanoine. De Brioude ou de Pébrac ? Le texte ne le dit point.

Armand avait eu déjà d'un premier mariage un fils *Astorge*, lorsqu'il

____

(1) Cartul. de Pébrac, abb. Peyrard, Tabl. du Velay, t. V, p. 187-188.

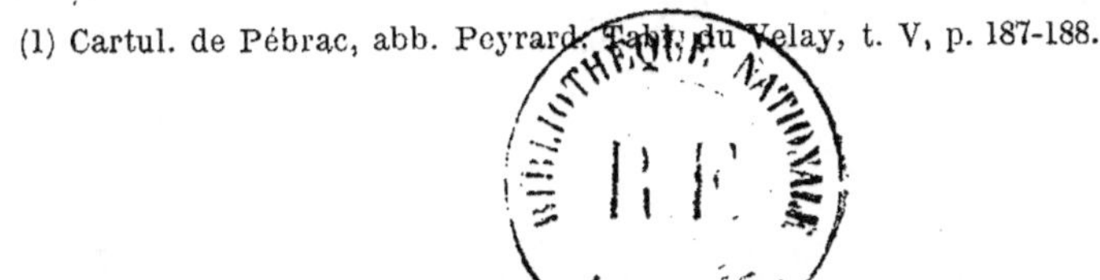

épousa en secondes noces Cécile de Montchauvet fille de Guillaume de Montchauvet, seigneur de Servières, et de Delphine de Giberges (1).

De ce mariage il eut quatre filles : Saura, Marguerite, Delphine et Catherine.

Son épouse Cécile, par testament du 14 septembre 1344, fait de pieuses fondations.

Elle veut qu'à son enterrement, dans cette paroisse de Venteuges, soient appelés vingt prêtres, à chacun desquels il sera donné douze deniers.

Elle lègue à Jean Coste, curé de Venteuges, un setier de seigle, pour une fois seulement.

A chaque prêtre de la communauté de Venteuges, un carton de seigle.

A Guillaume Boysson et à Guillaume Ferri, clercs, un carton, et à chacun des autres clercs de l'église, un quart seulement.

Au luminaire et à l'œuvre de ladite église de Venteuges et à chacun d'eux un carton de seigle, pour une fois.

A la lampe de la chapelle de la Bienheureuse Vierge Marie de ladite église, un carton.

Au luminaire de la chapelle de Meyronne, un carton.

A celui de la chapelle de Sainte-Blaize de Ganilhon, à celui de la chapelle de Montpeiroux, et de la chapelle de Digons (2), un quart seulement.

Elle veut qu'au jour de sa sépulture l'on fasse moudre six setiers blé seigle pour les distribuer aux pauvres du Christ.

Elle donne à trois pauvres filles pour les aider à se marier une émine de seigle à chacune.

Elle lègue quatre sols tournois de revenu annuel à la communauté des prêtres et clercs de Venteuges, pour deux obits, célébrés chaque année, pour le repos de son âme, l'un, le jour de sa sépulture, l'autre le lendemain de la fête de Saint-Jean-Baptiste.

Elle lègue aux prêtres et clercs de Salgue, pour un obit le lendemain des fêtes d'âmes, trois sols.

A l'hospice de Saint-Antoine en Viennois, et à celui de Notre-Dame du Puy, une mesure de seigle.

Aux ponts de Chanteuges, de Prades, de Relhac et des Chazes, sur la rivière d'Allier, six deniers à chacun.

Au grand luminaire de Saint-Médard de Salgue, un carton.

A Astorge de la Fagette, chanoine, vingt sols.

A la prieure de Venteuges et à sa compagne, trois sols à chacune, en outre des oblations faites au cimetière (3).

Cette dame ne se doutait pas que ses œuvres pies, et les clauses charitables de son testament feraient plus pour perpétuer sa mémoire que la noblesse de son origine, que l'ancienneté de sa race ou les exploits de ses ancêtres.

Astorge de la Fagette succède à son père Armand. Il avait épousé Catherine, fille de Jean de Chastel de Sanhelongue et de Agnès de Montchauvet. Agnès de Montchauvet était sœur de Cécile, seconde femme d'Armand de la Fagette.

Astorge eut pour héritier Armand de la Fagette, — l'on était dans

(1) Voyez : *Notes hist. sur Servières,* par l'abbé Fabre, p. 6 et 7.

(2) Ganilhon, Montpeiroux et Digons, sont trois villages peu distants de Venteuges, qui relevaient de l'abbaye de Pébrac.

(3) Archives de M. le baron de Vinols. Fonds des Chastel.

cette maison bien fidèle aux prénoms de famille, — et nous connaissons à ce dernier deux enfants : *Astorge* et *Isabelle*.

Le 4 novembre 1395, Armand et Astorge de la Fagette, père et fils, donnent à Guillaume Salgueti, notaire de Salgue, les deux tiers d'un pré et d'un pâtural et tous les biens meubles et immeubles que sa femme Isabelle de la Fagette lui avait apportés en dot. Parmi les témoins est cité Jean Trémolière, curé de Saint-Préjet (1).

Astorge est le dernier membre de cette famille. Il dût probablement ne laisser que des filles, dont l'une aurait épousé noble seigneur Louis Roget d'Andrueiols (Andreuges près Saugues) seigneur d'Andrueiols et de Roziers, car après le décès d'Astorge, la terre et la seigneurie de la Fagette passent entre les mains dudit Roget, le chef de la seconde maison de la Fagette.

II. — **Les Roget**, *seigneurs de la Fagette.*

Louis ROGET, seigneur d'*Andrueiols* (Andreuges) et de *Roziers*, près Saugues, est le premier de cette famille qui ait porté le titre de seigneur de la Fagette.

En 1390, il paye aux prêtres de Saint-Médard de Saugues certains obits dûs par Armand de la Fagette, ce qui prouve qu'il avait succédé à celui-ci dans ses dettes comme dans ses biens.

Louis Roget, qualifié de noble, damoiseau (domicellus) était d'une maison fort ancienne de ce pays de Saugues (2).

---

(1) Archives de Saint-Médard de Saugues.

(2) L'un de ses ancêtres, noble *Raymond Roget* d'Andrueiols, est témoin dans l'acte déjà cité de 1259. Son fils est Guigon Roget.

Guigon Roget épouse *Tornèse*, fille du seigneur *des Tours*, et pour elle fait hommage aux seigneurs Aldebert et Astorge de Peyre de ce que sa femme possède au terroir de Lauriel, dans le mandement des Tours et la paroisse de Salgue. L'acte est fait le 19 des calendes de février, l'an 1294, dans la maison de Guigon Roget. Les témoins sont : Hugues de Salgue, Guigon Roget, Ythier de Salgue et son fils Guillaume, Guillaume Gérald, bailli de Verdun (près Saint-Préjet), et le notaire Salamandi, avec J. Paulet, notaire du Puy,

En 1317, Hugues Roget est procureur de la communauté des prêtres et clercs de Saint-Médard de Salgue.

En 1331, Guigon Roget est bailli du château de Salgue pour le seigneur de Mercœur ; il conserve cette charge jusque vers 1350. Durant cette période, il est nommé arbitre entre le seigneur de Peyre et Bertrand Itier, seigneur de la Clause, à qui le premier réclamait un setier avoine sur la Pinède-Marchot, dans la juridiction de l'Eglise de Salgue. L'accord fut fait à Thoras.

Enfin, en 1332, Jourdan Roget, d'Andrueiols, fonde en faveur de la communauté des prêtres et clercs de Saint-Médard de Salgue, un repas annuel pour le dimanche de la Passion. (Archiv. de Saint-Méd. n° 450).

Andreuges possédait jadis une source minérale, — aujourd'hui à peu près disparue — au sujet de laquelle se racontait la légende suivante :

Guigon Roget, seigneur d'Andrueiols et bailli de Salgue, venait de passer de vie à trépas. Des manants, les emphytéotes du lieu, avaient été dépêchés dans toutes les directions pour convier aux funérailles les seigneurs du voisinage. Et le lendemain, tout le long de la côte abrupte qui descend des Salles à Andrueiols, on vit défiler, à pas circonspects et mesurés, sur leur palefroi dont le mors se blanchissait d'écume, les sires de Salgue, de Servières, de la Fagette, etc., venus pour escorter jusqu'à sa dernière demeure le noble chevalier que l'on allait porter en terre. C'était aux chaudes journées de la fin de juillet. Sur une longue table, dans la pièce principale du manoir, étaient servies quelques victuailles, et de larges flacons pour permettre aux arrivants de réparer leurs forces épuisées par le trajet parcouru. L'héritier du défunt, — il se dénommait également Guigon —, dolent et abattu, exerçait auprès de ses nobles amis les devoirs de l'hospitalité. Sur ses ordres, deux varlets prennent sous le bras chacun un large broc et vont à la source chercher pour les étrangers une eau plus rafraîchissante.

Le 13 février 1377, il fait hommage au seigneur de Peyre, baron de Thoras, de deux mas qu'il possède au village des Roziers, les mas de « Michabene et dels Borrels. »

En 1384, il reçoit de Jean Mège et Vidal Aoustet deux reconnaissances pour des terres sises à Prades sur l'Allier. (Archiv. de Saint-Médard).

En 1388, 7 août, à cause de l'obit de Genès Roget, il consent aux prêtres de Salgue une obligation de 5 fr. d'or. En 1560, la rente annuelle de cette obligation était encore payée aux prêtres de Salgue, par le seigneur de la Fagette.

Louis Roget avait un frère, Hugues Roget. qui, avec lui faisait hommage aux seigneurs Astorge et Aldebert de Peyre pour les terres qu'ils possédaient dans le mandement des Tours.

Le fils de Louis, HUGUES ROGET, succède à son père, à la seigneurie de la Fagette.

Hugues teste en 1422 et lègue aux prêtres de Salgue, 4 livres pour un obit.

En 1491, RAYMOND ROGET, écuyer, est seigneur de la Fagette. Le 4 juillet de cette même année, il est témoin au contrat de mariage passé au château de Montpeiroux, entre Antonie de Talhac, dame de Meyronne, et Jacques de la Villatte de Belvezer (1).

Le 27 avril, noble Raymond Roget, écuyer, seigneur de la Fagette, paroisse de Venteuiols, présente Pierre Tribulat, clerc du diocèse de Mende, à la chapellenie de Saint-Pierre del Blau, vacante par la résignation du titulaire Jean Robin. Cette chapelle Saint-Pierre des Roches del Blau est située dans la paroisse de Cubelles, diocèse de Mende. La présentation en appartient au seigneur de la Fagette, tandis que l'institution et autres dispositions reviennent à l'évêque de Mende.

L'acte est fait en présence de Blaise Vigouroux, curé de Monistrol ; de Louis Cortallac, clerc, et Valentin, notaire (2).

Lors du procès des déclarations des dixièmes des biens nobles, en 1529, pour subvenir à la rançon du roi prisonnier « le seigneur de la Fagette

---

Mais l'on vit bientôt les deux varlets, étonnés et inquiets, revenir l'amphore vide :

« Maître, la source ne coule plus.... Nous avons attendu,.... elle semble tarie. »
Et c'était vrai, la source ne coulait plus.

L'heure venue, le convoi funèbre se met en marche, gravit lentement la côte interminable qu'il faut franchir avant d'arriver à Salgue, où se trouve dans l'une des chapelles de l'église paroissiale le tombeau des Roget d'Andrueiols.

Là, les quarante prêtres ou clercs de Saint-Médard, chantent et prient les dernières prières sur la dépouille mortelle du noble chevalier. Puis, la triste cérémonie terminée, la famille, après une abondante distribution de pain aux pauvres du Christ, reprend le chemin d'Andrueiols...

Le repas du soir réunit une dernière fois autour de la table la famille attristée. Les brocs sont-là, pleins jusqu'au bord de l'eau minérale qui, le matin, avait manqué.

« Qu'est-il donc arrivé ! dit le seigneur.

« Maître, répondit le pastouret, à l'heure où l'ombre recommence à s'allonger, je passais près de la source, lorsque je l'ai entendue couler comme aux jours précédents. »

Et c'était encore vrai, la source avait repris son cours normal.

Depuis lors, toutes les fois qu'un Roget d'Andrueiols passait de vie à trépas, la source tarissait ses eaux, et ne reprenait son cours interrompu qu'à l'heure même où, après les prières liturgiques, la tombe s'était refermée sur la dépouille mortelle du défunt.

Aujourd'hui Andruciols n'a plus de seigneurs, aussi l'on ne voit plus se reproduire ce curieux phénomène.

(1) *La noble maison de la Chassaigne de Sereys*, par M. G. de la Deyte, p. 99.
(2) Docum. de l'église de Cubelles.

a dict avec jurement, son bien noble en ladicte sénéchaussée de Beaucaire, valoir en commune année cinquante livres, monte la dixiesme cinq livres tournois.

En 1557, Louis ROGET est seigneur de la Fagette : à cette date, il fait hommage de tout ce qu'il possède au seigneur de Mercœur.

En 1560, il paye aux syndics de Saint-Médard les annuités de la rente que ses ancêtres leur avaient consentie. (Reg. des syndics.)

En 1608 et 1640, le seigneur de la Fagette est GILBERT ROGET, qui renouvelle aux seigneurs de Mercœur l'hommage rendu par ses prédécesseurs.

Dans les titres qui le concernent, son nom s'écrit *Gilbert de Roget.* Cette forme « de Roget » est quelquefois cependant, mais rarement, employée pour désigner ses ancêtres.

Gilbert avait épousé noble démoiselle Denise du Mas de Landines, dont il eut cinq filles : CATHERINE, CLAUDE, DENISE, MARGUERITE-BLANCHE et GABRIELLE.

Catherine alla résider dans la paroisse de Chaliers, puis à Lavès, près Venteuges.

Claude épousa Charles de Langlade, et reçut en dot la terre de Montanhiac, près la Fagette. Leurs enfants furent Anthoine de Langlade (1), Gabriel et Marie-Madeleine, baptisée le 9 février 1662 (2).

Denise est signalée comme marraine de Christophe de la Fagette, 22 août 1667.

Marguerite-Blanche de la Fagette s'était retirée à Sauges où elle mourut le 16 sept. 1674, et fut enterrée dans le cimetière de cette paroisse (3).

Gabrielle Roget de la Fagette épousa noble Hector *de la Rochenégly de Chamblas,* (4) et lui apporta en dot la terre de la Fagette. C'est ainsi que cette seigneurie une fois encore changea de maître, faute d'héritier mâle.

III.— Les de la Roche-Négly de Chamblas, *seigneurs de la Fagette.*

Noble HECTOR DE LA ROCHENÉGLY était fils de Gabriel de la Rochenégly (5), seigneur dudit lieu et de Chamblas, et de dame Madeleine de Roirand du Villar.

Son contrat de mariage avec Gabrielle Roget est du 25 novembre 1641.

« Personnellement estably noble Hector de la Roche Négli escuyer filz

(1) Anthoine eut pour parrain M. de la Valette docteur en médecine de Saugues et pour marraine demoiselle de Langlade. (Reg. de Venteuges.)

(2) Elle eut pour parrain M. Médard de Langlade, prieur de la Sainte-Trinité, et pour marraine Magdelaine de la Roche de la Fagette, (*Ibid.*)

(3) Regist. de Saugues.

(4) D'après l'Armorial du Languedoc (p. 437) Antoine, et non Gilbert, de la Rochenégly avait épousé Gilberte Roget dont il aurait eu neuf fils. On verra par les documents qui suivent, que cette assertion, bien que répétée par divers auteurs, est erronée.

(5) Gabriel de la Rochenégly devait le jour à Antoine, époux (15 juin 1556) de Marie de Bonneville de Chapteuil.

Antoine était issu de Tannequin et de Louise Béraud de Servissac, mariés en 1518.

Tannequin était le fils d'Eustache et de Gabrielle d'Espally.

Eustache était né de Gonnet de la Rochenégly et de Louise de Gazelles, mariés en 1444. (Armorial du Languedoc, p. 437.

Les armes de la Rochenégli sont :

A l'aigle de sable posée sur un rocher de même.

à feu noble Gabriel de la Roche Négli escuyer seigneur dudit lieu et de Chamblas, du lieu de Chamblas, paroisse de Sainct Estienne de Lardeyrol évesché et seneschaussée du Puy adsisté de nobles Anthoine et Louys de la Rochenegli escuyers sieurs dud Chamblas et de Pontgibert ses frères, d'une part. Et demoiselle Gabrielle du Roget filhe à noble Gilibert du Roget, sieur de la Fagette et du Roziers habitant au lieu de la Fagette paroisse de Venteuge évesché de Mande, avec la licence dud sieur son père, et de demoiselle Denise du Mas de Landines, sa mère, d'autre, lesquelles partyes par leur sérement ci-après escript ont promis de se prendre en vray et loyal mariage ainsin quilz l'ont juré entre les mains de messire Jean Pageol prebtre et curé de lad par. de Venteuge..........
En faveur et contemplation duquel mariage pour le support des charges dicelluy sest estably en personne led sieur Anthoine de la Rochenegli, sieur de Chamblas, lequel de son gré et libre vollonté a donné et constitué par ces presantes aud. sieur Hector de la Roche Négli son frère la somme de cinq mille livres tournois, sçavoir la somme de deux mille deux cens seize livres pour les droicts que led sieur expoux futur peult avoir sur les biens de demoiselle Magdeleyne de Royrand du Villar leur mère..........
Et tout le surplus de lad constitution pour biens et droictz de nature et légitime paternelz inclus et comprises la somme de cent livres pour le légat aud sieur expoux faict par feu noble Anthoine de la Roche Négli sieur cadet de Chamblas leur oncle.......................... et moyenant ce led. sieur de la Roche Négli expoux futur a quicté et par ces présantes quicte en faveur dud sieur de Chamblas son frère, tous et checuns ses droictz et biens de nature et légitime paternelz maternelz collatéraux et aultres quelconques............................
D'abondant led sieur de la Roche Négli expoux futur a voulu favoriser et donner pour Robbes bagues et joyaulx à lad demoiselle Gabrielle de Roget sa fiancée la somme de trois cens livres........................
Dadvantage constitué personnellement led. noble Gilibert de Roget, escuyer, sieur de la Fagette lequel agréant le présant mariage en faveur d'icelluy et de la lignée qui en proviendra a institué et institue lad. demoizelle expouze sa filhe héritière universelle en tous et checuns ses biens meubles et immeubles droictz noms et actions présens et advenir quelconques, tous lesquelz biens il luy a donné.............. seulz les rézerves et conditions suivans. En premier lieu retient et rézerve sur lesd. biens donnés la somme de trois cens livres pour en disposer à la fin de ses jours ou aultrement.............. Et d'abondant réserve le régime gouvernement et administration de tous et checuns lesd biens durant sa vie en supportant deuement les charges du présent mariage. Pareilhement led sieur a de mesme rézervé la somme de sept mille quatre cens livres pour tous les droictz de nature et légitime de tous ses autres enfans........................ Dadvantage par mesme disposition que dessus lad demoizelle Denise du Mas de Landines a donné et donne avec la licence dud sieur de la Fagette son mari à lad. demoizelle expouze de ses biens propres la somme de mille livres..............
Il a esté de pacte exprês convenu que où et quand lesd sieur et demoiselle expoux jurés viendroyent à se séparer de la compagnie desd. sieur et demoiselle de la Fagette aud. cas tous les biens d'iceux sieur de la Fagette seront partagés par égalle pourtion tant fondz que rentes et meubles et lesd. sieur et damoizelle expoux jouyront de la moitié desd biens franche et quicte de tous debtes et hypothèques.
.... Faict et récitté aud lieu de la Fagette chasteau dud sieur, présans puissant seigneur Mᵉ Gabriel de Prades Pompeyranc le trioulenc et autres places, nobles Anthoine de la Roche Négli sieur de Chamblas

Louys de la Roche Négly sieur de Pontgibert, noble Pierre de Langlade escuyer sieur de la Vialle Michel Dordon escuyer sieur de Champanhiac noble Louys de Pascal sieur de Fossier, noble Claude de Poinssac, Annet de Béninstant sieur de Venteuge, Balthazar de Langlade soubzignès à l'original avec les parties et nous notaires royaulx soubzignés recepvans Giraud notaire, de Langlade ainsin signés à l'original (1).

Gabrielle Roget, ou mieux, suivant le texte du contrat, Gabrielle de Roget et Hector de la Roche Négli laissèrent une nombreuse postérité.

Parmi leurs enfants nous connaissons, par les registres locaux : 1° noble DOMINIQUE HECTOR, signalé en 1662 et 1663, comme seigneur de la Fagette, mais ou bien il ne laissa point de postérité, ou bien il se retira en d'autres lieux, car depuis lors, il n'est plus mentionné dans les documents.

2° GABRIELLE, qui épousa noble Louis de la Roche de Chamblas, et mourut le 2 novembre 1678 (2).

3° CLAUDE, baptisée le 21 novembre 1661. Elle eut pour parrain noble Hector de la Rochenégly et pour marraine noble Claude Roget de la Fagette (3).

4° MAGDELAINE DE LA ROCHENÉGLY DE LA FAGETTE. Elle épousa noble CHRISTOPHE DE BELVEZET, seigneur de Chabannes.

Celui-ci prend le titre de seigneur de la Fagette. Il eut pour enfants :

1° DOMINIQUE DE LA FAGETTE, baptisé le 9 nov. 1662. Le parrain fut noble Dominique-Hector de la Fagette, la marraine demoiselle Françoise de Brugeiron, femme du sieur de Lighac (4).

2° MARIE, née le 11 sept. 1663. Elle eut pour parrain Mre François Cellet, prêtre et prieur de Foulant, paroisse d'Auroux, et pour marraine noble Gabrielle de la Fagette (5).

3° CLAUDE OU CLAUDIA (10 nov. 1664), dont le parrain fut noble Gaspard de Lesnelin, sieur de Lighac et de Tremoulet, et la marraine noble Claude Roget de la Fagette (6).

4° CHRISTOPHE (22 août 1667.) Parrain Christophe du Trémoul, marraine Denise Roget de la Fagette (7).

5° MAGDELAINE (20 août 1668).

6° HECTOR DE BELVEZET (7 mars 1678).

7° ROZE DE BELVEZET, (6 may 1680).

8° GABRIELLE DE BELVEZET, procureuse, en 1711, du monastère des religieuses Ursulines de Saugues.

En 1685, noble Christophe de Belvezet, seigneur de la Fagette et de Roziers, habitant en son château de la Fagette, achète au lieu des Rosiers un pâtural à Catherine Gaillard, et un champ à P. Cubizolles dudit lieu.

Sa fille Marie avait épousé noble Claude GABRIEL DE ROQUELAURE, seigneur de *Pompignac*. Par ce mariage, celui-ci devient seigneur de la Fagette. Il porte ce titre, au 18 décembre 1691, dans une transaction entre lui et Mre Joseph J. de Langlade comte du Cheyla.

Nous lui connaissons deux filles : ANNE DE ROQUELAURE, décédée le 29 décembre 1742, et MARGUERITE.

« Le 1er février 1736, je curé de Venteuges soussigné ay donné la bénédiction nuptiale à Me Laurens Chauchat fils légitime à Nohé et à feu demoiselle Marie Boucharenc du lieu de Poutès, paroisse d'Alleyras d'une part, et à demoiselle Marguerite de Roquelaure fille légitime à feu Claude-François-Gabriel de Roquelaure, sgr de Pompignac et autres

(1) Archives de Chamblas (M. Jos. Bergeron). Comm. de M. l'abbé Mercier.
(2) (3) (4) (5) (6) (7) Registres de Venteuges.

places et à feu dame Marie de Belvezet d'autre, présents Vidal Chaussé et Jacques Bonhomme dud. lieu illitérès, signé Thomas. » (Reg. de Venteuges).

A dater de cette époque aucune mention n'est faite dans les registres de paroisse des seigneurs de la Fagette.

Ceux-ci durent abandonner cette résidence et ce climat peu fortuné pour aller habiter sous d'autres cieux.

Les documents locaux sont également muets au sujet du château lui-même.

Nous savons seulement que « le 8 décembre 1764, est décédé après avoir reçu les sacrements, Claude Planchette, ancien soldat de milice, habitant au lieu de la Fagette, mari d'Isabelle Chabanel dite la Garelle, et a été enterré le 9 dud. mois, signé Torrent, curé. » (Reg. de Venteuges).

Chose étonnante, les commissaires envoyés du Puy à Saugues, pendant la Révolution, la municipalité de Saugues même, qui dans leurs arrêtés divers s'occupaient des châteaux du voisinage, soit pour les perquisitions à exécuter, soit pour les mesures de sûreté en usage durant ces heures troublées, ne parlent aucunement du château de la Fagette.

Le délaissement dans lequel il se trouvait fut cause qu'il n'attira point l'attention malveillante des autorités locales.

Peut-être même était-il déjà, ce qu'il est aujourd'hui, ce que sont devenus la plupart des manoirs d'autrefois, une demeure déchue de son importance primitive, n'abritant plus dans ses murs que de modestes cultivateurs, trop au large dans ces vastes habitations qui n'avaient point été bâties pour eux.